COUR D'APPEL DE PARIS

AFFAIRE CHALLEMEL-LACOUR

DIFFAMATION

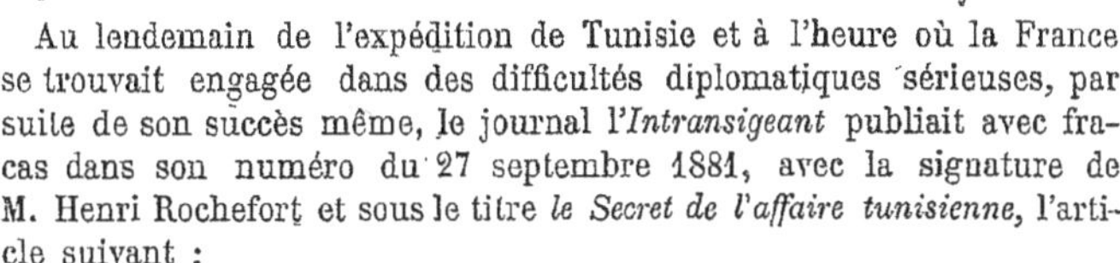

Au lendemain de l'expédition de Tunisie et à l'heure où la France se trouvait engagée dans des difficultés diplomatiques sérieuses, par suite de son succès même, le journal l'*Intransigeant* publiait avec fracas dans son numéro du 27 septembre 1881, avec la signature de M. Henri Rochefort et sous le titre le *Secret de l'affaire tunisienne,* l'article suivant :

« L'*Agence Havas,* qui dément avec tant de persistance le projet de traité avec le bey, oserait-elle démentir les révélations que nous apporte un personnage qui a longtemps appartenu au corps diplomatique et que nous nommerons quand il le faudra, car nous nommerons tout le monde ?

» Nous avons assimilé l'expédition tunisienne à une simple escroquerie. Nous nous trompions. Une escroquerie est un délit qui ne relève que de la police correctionnelle. Nos lecteurs verront plus bas que l'affaire de Tunis est un vol qualifié, compliqué d'assassinat, c'est-à-dire un crime dont les auteurs sont passibles de la cour d'assises.

» MM. Gambetta et Roustan avaient formé une association dont le but était de faire d'abord tomber au prix du papier les obligations de la Dette Tunisienne, et de les racheter ensuite pour quelques liards.

Mais comme jamais le bey n'aurait eu les deux cents millions nécessaires à leur remboursement, les deux compères poussaient le gouvernement français à intervenir dans la Régence, et à prendre à son
compte le paiement des obligations qui eussent été converties en trois
pour cent. M. Gambetta et M. Roustan eussent alors échangé leur
tas de papier contre des coupons de rente pour une valeur de plus
de cent millions, et ces rentes, c'étaient les contribuables qui les
leur auraient servies.

» Voilà pourquoi cinquante mille de nos soldats sont allés mourir
là-bas d'insolation et de misère. Nous comparions la guerre de Tunisie
à celle du Mexique. Certes, elles ont entre elles cet air de ressem-
blance qui relie si bien l'opportunisme au bonapartisme. Les bons
Jecker aussi avaient été rachetés à vil prix par les aigrefins de l'en-
tourage impérial, et quand ils en eurent suffisamment bourré leurs
poches, ils excitèrent le Bonaparte à installer à Mexico un semblant
d'empereur, qui s'engagerait d'abord à verser entre leurs mains les
soixante-quinze millions représentant les bons qu'ils avaient eus pour
cinq cents francs.

» Dans les deux cas il s'agissait de faire verser notre sang pour
remplir les coffres des banquistes qui dévalisent ceux qu'il se vantent
de gouverner. Cependant, l'entreprise mexicaine était incontestable-
ment moins scélérate que celle dont nous recueillons actuellement les
fruits, car c'était sur l'argent des Mexicains que les bons Jecker
devaient être remboursés, tandis que c'est des ressources de la France,
déjà épuisée par les milliards de la dette prussienne, que nos vampires
avaient projeté de se repaître.

» Nous donnons maintenant la parole au révélateur :

» On a considéré comme une révélation la communication faite par
M. Barthélemy-Saint-Hilaire au correspondant du *Dailly News*, communication d'après laquelle le traité qui fut signé en 1881 par la
France avec le bey de Tunis avait été trouvé, en projet, dans les
cartons du ministère des affaires étrangères, où il existait depuis
1878.

» L'assertion de M. Barthélemy Saint-Hilaire ne fera que mettre sur
la voie de la vérité des gens qui ne sont pas autrement dans le
secret de l'affaire, mais elle n'apprendra rien à ceux qui ont suivi
avec un peu de clairvoyance les affaires extérieures de la France
depuis 1871.

» Ce n'est pas seulement depuis 1878, comme semble le croire
M. Barthélemy Saint-Hilaire, que M. Roustan incite le gouvernement
français à s'emparer de la gestion des affaires tunisiennes. L'idée a
germé dans l'esprit des intéressés, dès que le succès du dernier
emprunt contracté par M. Thiers eût prouvé qu'on pourrait encore
tirer de la France bon nombre de millions.

» On pensa alors que la France serait de meilleure composition que l'Allemagne, à qui on s'était adressé tout d'abord. Dès 1871, un banquier, dont le nom est connu à Paris autant qu'à Francfort, M. Erlanger, avait fait des démarches auprès du gouvernement allemand pour obtenir son immixtion effective dans les affaires de la Régence. La question d'une intervention fut même examinée à Berlin. Mais lorsqu'on y vit de quelles charges hériterait le gouvernement qui se mettrait au lieu et place du bey, on se hâta d'abandonner la cause du réclamant.

« On se tourna alors du côté de la France, et M. Roustan, devenu intéressé dans l'affaire, ayant réussi à y intéresser quelques puissants compatriotes et un journal influent, la *République française*, le succès fut considéré comme possible.

» L'affaire de Tunis présente avec l'affaire du Mexique une analogie frappante : dans l'une comme dans l'autre l'influence de la France est le prétexte, et, dans l'une comme dans l'autre, il s'agit de convertir en argent et en or français de misérables morceaux de papiers, des *bons* souscrits par certains ministres peu scrupuleux à des personnages qui ne le sont pas davantage. Au Mexique, il s'agissait de bons souscrits par un ministre prévaricateur au nommé Jecker, lequel était parvenu à intéresser le duc de Morny au sort de ces *bons*.

» A Tunis, il s'agit d'un banquier de même origine et de même religion, qui a pu intéresser au sort des *bons* dont il est porteur le représentant de la France à Tunis, M. Roustan. Les intérêts de ce dernier ont été, dès le début de la combinaison, associés au sort d'un ministre tunisien, qui lui aussi, fut un ministre prévaricateur, Sidi-Mustapha-Khasnadar. Ce dernier dut, en 1873, abandonner le pouvoir, devant les découvertes que fit la commission financière nommée par la France, l'Angleterre et l'Italie pour assurer autant que possible le service des intérêts dus aux porteurs d'obligations tunisiennes.

» Cette commission n'avait qu'un rôle absolument officieux, les intérêts qu'elle servait étant d'ordre essentiellement privé. Elle fit néanmoins de singulières découvertes sur l'administration de l'homme dont M. Roustan et la *République française* demandaient avec frénésie la rentrée au pouvoir. M. Vilette, délégué français à la commission des finances, ayant eu à faire le compte d'un emprunt, dut constater le vol d'un nombre considérable de titres. Sidi-Mustapha-Khasnadar affirma n'avoir pas connaissance de ces titres, dont le montant s'élevait à soixante-cinq millions. M. Vilette fit des recherches et découvrit les soixante-cinq millions de titres chez un banquier français, où ils avaient été déposés par le premier ministre, pour le crédit de son compte personnel. Sur ces soixante-cinq millions, Sidi-Mustapha-Khasnadar remboursa quatorze millions au Trésor tunisien. Le Trésor français sera sans doute appelé, si M. Roustan réussit dans son entreprise, à rembourser la balance de cinquante et un millions.

» Ces cinquante et un millions, formant le déficit pour ce seul compte, sont restés, en compagnie d'autres valeurs de même nature, dans le portefeuille de quelque banque franco-allemande. Tous ces titres auront-ils simplement la valeur d'un vieux papier ou recouvreront-ils leur valeur nominale ? Ne vaudront-ils rien du tout, ou la France les remboursera-t-elle au pair ? La conduite du gouvernement français décidera seule de cette question.

» Si le gouvernement tunisien reste livré à ses propres ressources, il est évident que les banquiers, les diplomates et les hommes politiques spéculateurs, détenteurs des titres de la dette tunisienne, verront ces titres perdre toute espèce de valeur. Pour démontrer le caractère spéculatif de l'expédition tunisienne, quelques rares journaux ont comparé la valeur des obligations tunisiennes en 1879 avec la valeur des mêmes titres en 1881, après l'expédition française, et ils ont trouvé que ce qui valait deux cents francs en 1879 vaut aujourd'hui près de cinq cents francs. On aurait pu remonter plus loin (1). On aurait vu qu'en 1875 et 1876, alors que M. Roustan était dans toute l'activité de ses préparatifs, sans avoir toutefois réuni, comme on y est maintenant arrivé, en un petit nombre de mains la presque totalité des obligations tunisiennes, la valeur de ces obligations ne dépassait souvent pas cent vingt francs. Encore M. Roustan s'efforçait-il alors de déconsidérer ces titres et de leur faire perdre le peu de valeur qui leur restait. L'intervention dans ce sens de M. Roustan est attestée par une lettre de reproches que lui adressait le bey de Tunis à la date du 18 djoumadi 1293 (calendrier musulman) ou 10 juillet 1876.

« Dans cette lettre, dont le texte a été, en 1876, intégralement publié par plusieurs journaux étrangers, le bey faisait entendre à M. Roustan qu'il le considérait comme l'auteur des articles qui se publiaient dans le journal dont M. Roustan s'était, nous l'avons dit plus haut, assuré le concours. Ce journal qui, au grand étonnement de ses lecteurs, ne souffle plus mot aujourd'hui sur les affaires tunisiennes, consacrait alors une place relativement considérable aux affaires de ce petit État. Les articles du journal de M. Gambetta — voir la collection de la *République française* de 1875 et 1876 — avaient tous la même tendance : déprécier la valeur des titres tunisiens, afin d'en rendre le drainage plus facile et moins onéreux, et ramener au pouvoir le ministre Sidi-Mustapha-Khasnadar, qui favoriserait plus tard les projets de ses protecteurs, MM. Roustan et Gambetta.

« Dans la lettre par lui adressée à M. Roustan, le bey affirme que les articles de journaux dont il attribue la paternité à M. Roustan « ont » produit la panique parmi les personnes qui, par intérêt, ont la con-» servation de leur fortune pour premier souci et prêtent l'oreille à

« (1) Nos lecteurs se souviennent que l'*Intransigeant* a, le premier de tous les journaux, fait cette instructive comparaison.

» Voir numéro du 12 juillet. »

» toutes les nouvelles qui sont mises en circulation ; de là, une baisse
» sur le prix des titres de la Dette. »

« Il serait utile de savoir si ce document figure quelque part au
ministère des affaires étrangères.

« On voit que toutes les menées politiques qui ont eu lieu depuis
dix ans entre la France et la Régence de Tunis ont été poursuivies
avec une remarquable unité de vues. Le but à atteindre, c'est d'arriver
à substituer la France, débiteur toujours solvable, au bey de Tunis,
débiteur d'une incurable insolvabilité, dans les engagements contractés
plus ou moins légalement par un ministre prévaricateur envers des
personnages de nationalités diverses, mais de malhonnêteté bien
connue.

« Quel est le montant de ces engagements ? Personne ne le sait au
juste, car il ne sont pas limités — détail qu'il ne faut pas perdre de
vue — au montant de la dette publique. Cette dette, d'ailleurs a subi
des variations révélatrices depuis qu'il a été question d'appeler l'étranger au gouvernement de la Régence. Elle n'était que de quatre-vingts
millions en 1871. A la chute de Sidi-Mustapha-Khasnadar, en 1873,
elle avait atteint cent quatre-vingt-cinq millions, c'est-à-dire qu'elle
s'est élevée, comme par enchantement, de plus de cent millions, par
suite de certaines démarches faites successivement auprès de l'Allemagne et de la France pour amener chacune de ces nations à s'emparer
du territoire tunisien.

« Mais s'il est difficile de fixer le montant de la dette tunisienne ré-
gulièrement inscrite, il est encore plus difficile d'estimer approximative-
ment le chiffre des engagements, aujourd'hui inconnus, contractés par
les ministres du bey au nom du gouvernement tunisien, engagements
qu'on ne manquerait pas de faire peser sur la France si celle-ci venait à
assurer l'autorité souveraine en Tunisie. M. Roustan pourrait peut-être
nous renseigner, par exemple, sur certaine obligation, consentie par le
Khasnadar, au moment de sa disgrâce, en faveur d'un Italien, obligation conçue dans l'étrange forme que voici :

« Quand je serai premier ministre de S. A. le bey de Tunis, je
paierai à M...., la somme de..... »

« Le porteur de ce curieux document a réclamé de ce chef vingt-
cinq millions au gouvernement tunisien, et par un compromis aussi
fantastique que l'acte lui-même, le porteur est parvenu à convertir son
billet à ordre en un montant égal de valeurs tunisiennes.

« Nous disions que M. Roustan pourrait peut-être donner des nouvelles de cet étrange engagement souscrit par le Khasnadar, parce que
le possesseur de ce billet, converti plus tard en obligations du Trésor
tunisien, est étranger (Italien), et que nous avons lu récemment dans
les journaux de Paris une note qui, pour être comprise, doit être rap-
prochée des agissements que nous venons d'énumérer. Voici cette

note qui, comme toutes les communications officieuses relatives à la Tunisie, émane de M. Roustan lui-même :

RÉFORME FINANCIÈRE EN TUNISIE

« Nous croyons savoir que la réorganisation financière en Tunisie
» est en bonne voie. On se souvient que, SELON M. ROUSTAN, une
» des premières mesures à prendre serait de désintéresser les *porteurs*
» *étrangers* de titres tunisiens, afin de réserver à la France seule le
» contrôle des finances, qu'elle a partagé jusqu'ici avec l'Angleterre et
» l'Italie. »

(Paris, 13 septembre 1881)

« Ces quelques lignes renferment toute l'histoire, l'origine et les causes de l'expédition de Tunisie. Que le gouvernement entre dans la voie indiquée par M. Roustan, et on peut être sûr que ce dernier, bien qu'il ne soit pas dans la catégorie des porteurs étrangers, ne tardera pas à se désintéresser des affaires de Tunisie, dont il s'occupe depuis une dizaine d'années avec une opiniâtreté extraordinaire.

» On ne saurait, avons-nous dit, supputer exactement les charges qui seraient mises au compte de la France par cette *première mesure* que M. Roustan conseille. Il est probable toutefois que les remboursements à effectuer ne seraient pas de beaucoup au-dessous de deux cent cinquante millions.

» Il serait assez difficile, avouons-le, de désintéresser les porteurs *étrangers* sans traiter de même les porteurs français. Le voulût-on, on ne le pourrait pas. Les porteurs français trouveraient bien le moyen de faire représenter leurs droits par des « étrangers ».

» L'affermissement de l'influence française par le désintéressement des porteurs étrangers est donc une nouvelle mystification à l'égard du ministère français et du public, pour les faire donner, de concert, dans le panneau tendu dès le début par M. Roustan : l'endossement par le gouvernement français des engagements de la Tunisie.

» Ces engagements, qu'on ne s'y trompe pas, si les Chambres françaises en acceptaient la responsabilité, ce serait bien la France, et non la Tunisie, qui en supporterait la charge. Car, malgré toute leur rapacité, les agents et fonctionnaires ottomans, qui s'entendent à pressurer les populations, n'ont jamais pu faire rendre à la Tunisie plus de douze cent mille francs par an.

» Cette somme se trouve absorbée à peu près complètement par les frais d'administration du pays.

» Endosser la dette de la Tunisie, ce serait donc ajouter, sans la moindre chance de compensation, l'intérêt annuel de deux cent cinquante millions aux charges déjà si lourdes qui pèsent sur le contribuable français. Et cela, sans compter les frais d'occupation militaire du territoire tunisien.

» Et pourquoi?

» Pour sanctionner les actes et les engagements d'un ministre (Sidi-Mustapha-Khasnadar) qui a volé son pays pendant plus de trente ans, et pour indemniser des prétendus créanciers qui ont été pour la plupart les complices des vols de ce ministre!

» M. Roustan s'était fait le Jecker de l'expédition tunisienne. Il a trouvé son Morny.

F...

» On comprendra maintenant l'interpellation de l'ami Antonin Proust et l'acharnement de M. Gambetta à poursuivre le renversement du candide Barthélemy Saint-Hilaire, pour lui donner comme remplaçant M. Challemel-Lacour. Ce dernier, en sa qualité de directeur de la *République française*, rédigeait lui-même les articles destinés à produire sur les obligations de la dette tunisienne la baisse dont on avait besoin pour les racheter moyennant un morceau de pain.

» Vous pensez si. une fois ministre des affaires étrangères, ce complice eût arrangé l'affaire! Ainsi M. Gambetta a travaillé pendant cinq ans à faire aboutir la combinaison financière, qui est en train d'avorter dans une insurrection générale, dans le massacre et dans le sang!

» C'est dans l'espoir de la relever que M. Roustan, d'accord avec ses associés, a exigé du bey la rentrée au pouvoir du vieux Mustapha-Khasnadar qui, lui aussi, devait avoir sa part de ce gâteau mortifère.

» Jecker a été fusillé par la Commune. Nous nous demandons s'il méritait plus la mort que les pandours qui, à l'instar du Thénardier des *Misérables*, vont voler des millions sur des cadavres.

» Henri ROCHEFORT. »

Cet article souleva une vive émotion : M. le Ministre des affaires étrangères déposa une plainte au nom de M. Roustan et de M. Challemel-Lacour, à la fois, l'un consul général à Tunis, l'autre ambassadeur à Londres, et demanda le renvoi devant la Cour d'assises de M. Rochefort et de M. Delpierre, gérant du journal l'*Intransigeant*, avec le droit pour les prévenus de faire la preuve des faits diffamatoires articulés, preuve autorisée par la loi à l'égard des fonctionnaires publics.

La Chambre des mises en accusation statua sur la double plainte et écarta celle introduite au nom de M. Challemel-Lacour, les faits relevés à son égard, se rattachant à une époque où il n'était pas revêtu de fonctions publiques.

La Cour d'assises statuant à l'égard de M. Roustan, écarta la plainte et renvoya de la prévention M. Rochefort et le gérant du journal.

M. Challemel-Lacour n'avait plus dès lors qu'à se pourvoir personnellement, par les voies ordinaires, c'est-à-dire, devant la juridiction correctionnelle; il le fit, par une citation adressée : 1° à M. Delpierre, gérant du journal l'*Intransigeant*; 2º à M. Henry de Rochefort-Luçay, rédacteur en chef de l'*Intransigeant*, et ainsi libellée :

» Attendu, que dans le numéro du 27 septembre 1881, du journal l'*Intransigeant*, dont M. Delpierre est gérant et M. de Roche · fort rédacteur en chef, se trouve un article intitulé *Secret de l'affaire tunisienne*, commençant par ces mots : l'agence Havas et finissant par ceux ci : voler des millions sur des cadavres.

» Attendu qu'il ressort de l'ensemble de l'article susmentionné qu'en rédigeant certains articles de la *République française*, M. Challemel-Lacour aurait été complice d'une manœuvre ayant pour objet d'a. mener l'entrée des troupes françaises en Tunisie, dans le but d'occasionner une hausse sur les valeurs de ce pays, et de réaliser ainsi des bénéfices inavouables et honteux au détriment de notre armée, des intérêts et de l'honneur français ;

» Attendu que ces allégations mensongères constituent le délit de diffamation prévu par l'article 32 de la loi du 29 juillet 1881;

» Par ces motifs,

» S'entendre condamner solidairement les susnommés à payer au requérant par toutes les voies de droit, la somme de 20,000 francs à titre de dommages-intérêts.

» Voir requérir par le ministère public l'application de la loi ;

» S'entendre condamner aux dépens. »

Le 29 décembre 1881, à l'appel de l'affaire, les prévenus déposèrent les conclusions exceptionnelles suivantes :

» Plaise au Tribunal :

» Attendu qu'aux termes de l'article 60 de la loi du 20 juillet 1881, la citation doit préciser et qualifier le crime incriminé, et indiquer le texte de la loi applicable à la poursuite, le tout à peine de nullité de la dite poursuite;

» Attendu que l'article 48 impose la même obligation au ministère public dans le cas où il requiert une information au cours de la procédure devant la Cour d'assises, en ces termes :

« Si le ministère public requiert une information, il sera tenu, dans » son réquisitoire, d'articuler et de qualifier les provocations, outrages, » diffamation et injures à raison desquels la poursuite est intentée, avec » indication des textes dont l'application est demandée, à peine de nullité » du réquisitoire de ladite poursuite ; »

» Attendu que la loi nouvelle a, en ce point, rompu avec le Code d'instruction criminelle qui, dans son article 183, n'imposait à la partie civile que l'obligation de citer les faits, et imposait au juge seul le devoir de lire le texte de la loi, à l'audience, avec obligation pour le greffier, sous peine d'amende, de l'insérer au jugement;

» Attendu que la citation de la partie civile doit donc contenir tous les textes qui, en cas de condamnation, devraient être lus par le président et insérés au jugement ;

» Attendu que si l'on fait application de ces principes à la citation qui appelle devant le Tribunal MM. Delpierre et de Rochefort, on est forcé de reconnaître que ladite citation est infectée de nullité, laquelle doit être prononcée *in limine litis* ;

» En ce qui touche Delpierre :

» Attendu que la citation ne reproduit aucun texte, et qu'elle se contente de viser l'article 32 de la loi de 1881 ;

» Attendu que l'article 32 susvisé n'est point le seul qui figurerait dans le jugement en cas de condamnation ; que le jugement énoncerait en effet, les articles 28, 29, 42, 45 ;

» Attendu qu'il résulte de ce qui précède que la nullité doit être prononcée, premièrement parce que le texte de la loi n'est pas reproduit, et secondement parce qu'il n'est même pas visé ;

» En ce qui concerne M. de Rochefort :

» Attendu que les mêmes nullités par omission ont été commises dans la citation qui l'appelle devant le Tribunal correctionnel ;

» Qu'en outre, la citation a omis non seulement les textes de l'article 43 de la loi du 29 juillet 1881, mais encore les articles 59 et 60 du Code pénal ;

» Que la nullité de la poursuite doit également être prononcée *in limine litis* ;

» Par tous ces motifs,

» Déclarer nulle la citation à la requête de M. Challemel-Lacour, portant la date du 1er décembre 1881 ;

» Et le condamner en tous les dépens. »

Ces conclusions présentaient d'autant plus d'importance qu'à l'heure où elles étaient déposées, la prescription au fond était acquise par l'expiration du délai de trois mois depuis la publication de l'article incriminé.

Le Tribunal les accueillit par jugement à la même date du 29 décembre 1881 :

« Le Tribunal,

» Sur les conclusions prises par les défendeurs à fin de nullité de la citation donnée aux prévenus ;

» Sur le premier grief résultant de ce que la citation ne reproduit pas les textes de la loi dont l'application est invoquée à l'appui de la demande :

» Attendu que l'article 60 de la loi du 29 juillet 1881, exige seulement l'indication de ce texte, et qu'indiquer le texte d'une loi, c'est désigner l'article par son numéro,

» Rejette ce grief ;

» Mais sur le second, résultant de ce que la citation se borne à indiquer l'article 32 de la loi de juillet 1881 :

» Attendu que l'article 60 doit être rapproché de l'article 48 ;

» Que si en disant que la citation indiquera le texte de la loi applicable à la poursuite, il n'a pas entendu dire que cette citation devrait indiquer toutes les dispositions légales qui seraient ultérieurement insérées dans le jugement, il a voulu au moins l'indication de celles qui définissent le délit ou qui caractérisent la situation respective des prévenus, et la part de responsabilité qui leur incombe, soit comme auteur principal, soit comme complice ;

. » Que dès lors en ne visant à l'égard des deux prévenus que les articles 29 et 45, la citation aurait dû en outre viser à l'égard de Delpierre l'article 42 et à l'égard de Rochefort l'article 43 ;

» Que dans l'espèce et de fait cette distinction de la situation respective des deux prévenus ne ressort même pas du libellé de la citation ;

» Par ces motifs,

, » Déclare nulle la citation donnée aux deux prévenus, condamne la partie civile aux dépens. »

, M. Challemel-Lacour interjeta appel et simultanément cita pour articles nouveaux, à l'égard desquels il ne pouvait y avoir prescription et où les articulations diffamatoires avaient été renouvelées relativement aux faits primitifs, M. Delpierre et M. Rochefort devant la police correctionnelle, pour le cas où la doctrine du Tribunal sur la nullité de la citation, serait consacrée par l'arrêt de la Cour.

La Cour statua le 25 janvier 1882 :

« LA COUR,

» Considérant que, par exploit du 1er décembre 1881, M. Challemel-Lacour a cité devant la 8e chambre de police correctionnelle MM. Delpierre et de Rochefort-Luçay ; que l'exploit indique que dans le numéro du 27 septembre 1881 du journal l'*Intransigeant*, dont Delpierre est gérant et de Rochefort rédacteur en chef, se trouve un article intitulé : *Secret de l'affaire de Tunisie*, commençant par ces mots : « L'Agence Havas qui dément » et finissant par ceux-ci : « vont voler des millions sur des cadavres » ; que cet exploit ajoute que cet article, paru sous la signature de Rochefort, porte un passage ainsi conçu ;

« Ce dernier, Challemel-Lacour, en sa qualité de directeur de la *République française*, rédigeait lui-même les articles destinés à produire » sur les obligations de la dette Tunisienne la baisse dont on avait besoin pour les acheter moyennant un morceau de pain. Vous pensez » si une fois ministre des affaires étrangères, le complice eût arrangé » l'affaire. » Qu'enfin l'exploit expose qu'il ressort de l'ensemble de l'article sus mentionné qu'en rédigeant certains articles de la *République française*, M. Challemel-Lacour aurait été complice d'une manœuvre ayant pour objet d'assurer l'entrée des troupes françaises en Tunisie, dans le but d'occasionner une hausse sur les valeurs de ce pays et de réaliser ainsi des bénéfices inavouables et honteux au détriment de notre armée, des intérêts et de l'honneur français ; qu'il en conclut que ces allégations mensongères constituent le délit de diffamation, prévu par l'article 32 de la loi du 29 juillet 1881, en réparation de

quoi il demande que les assignés soient condamnés à payer solidairement 20,000 de dommages-intérêts, sauf au ministère public à requérir l'application de la loi ;

» Considérant que Delpierre et Rochefort comparaissant devant le
Tribunal correctionnel, le 29 décembre dernier, ont demandé la nullité
de la poursuite dont ils étaient l'objet, en prétendant que la citation
n'indiquait point, conformément à la disposition formelle de l'article 60
de la loi du 29 juillet 1881, le texte de la loi applicable à la poursuite;
que d'après eux, cette citation aurait dû à peine de nullité contenir :
1° le texte entier des articles de loi applicables; 2° tout au moins
l'indication, outre l'article 32, relatif à la peine, de l'article 29, définis-
sant le délit de diffamation, de l'article 45, réglant la compétence, et
surtout des articles 42 pour Delpierre et 43 pour Rochefort, réglant la
responsabilité de l'un comme auteur, de l'autre comme complice;

» Considérant que le Tribunal, dans son jugement, a fait justice
de la prétention relative à l'insertion totale des textes de la loi ; mais
qu'il a annulé la citation, faute d'indication des articles 29, 42 et 43;

» Considérant que c'est contre cette décision que M. Challemel-Lacour
et le procureur de la République ont interjeté appel, et que c'est à
défaut d'appel des prévenus, sur ces seuls points, que la Cour a à
statuer;

» Considérant que, pour résoudre la question qui lui est soumise,
la Cour doit rechercher d'abord d'après le système de nos lois crimi-
nelles, quel est le véritable sens de ces mots : loi applicable à la poursuite;

» Considérant qu'à cet égard la jurisprudence de la Cour de cassation,
interprétant les dispositions des articles 163, 195 et 369 du Code
d'instruction criminelle, n'a jamais varié; qu'il résulte de ces décisions que ces mots de l'article 163 : loi appliquée, ceux de : loi dont
on fera l'application, de l'article 195, et enfin ceux de : texte de la loi
sur laquelle est fondé l'arrêt de condamnation en Cour d'assises et que
le président doit lire, ceux de : loi appliquée que le greffier doit insérer en entier en vertu de l'article 369, ne visent que les articles qui
prononcent des peines;

» Considérant que c'est par application de cette règle qu'il a été
constamment jugé qu'il est inutile d'insérer dans les jugements ou les
arrêts : 1° les articles réglant la procédure et la compétence; 2° les
articles relatifs aux condamnations civiles; 3° ceux qui règlent les
conséquences et l'exécution des condamnations; 4° ceux qui ont pour
but de définir et de caractériser les délits ou les crimes;

» Considérant qu'il a même été décidé qu'il n'était pas nécessaire
d'insérer l'article 463 relatif aux circonstances atténuantes, ni même
l'article 365 du Code d'instruction criminelle relatif au non cumul
des peines;

» Considérant que cette jurisprudence, si conforme au bon sens, a pour but et pour résultat de limiter l'obligation de l'insertion aux textes nécessaires pour justifier la peine prononcée ; et qu'elle se justifie par cette considération décisive, que le texte qui formule la peine énonce toujours le délit qu'elle réprime ; qu'il suffit donc pour faire connaître à tous, ainsi que le veut la loi, le motif de la condamnation et la base légale de cette condamnation elle-même ;

» Considérant qu'il serait impossible de comprendre *à priori* et en dehors d'un texte formel, constituant une véritable nouveauté en législation, comment le texte qui suffit à la justification de la condamnation ne pourrait pas suffire à la régularité de la poursuite ;

» Qu'on peut donc poser en principe qu'il y a un parallélisme certain et absolu à établir entre le texte dont l'insertion est nécessaire dans le jugement, et le texte dont l'indication est indispensable dans la citation ; que par suite tout ce que la jurisprudence a affirmé pour l'un peut s'affirmer de l'autre ; que par conséquent toutes les fois qu'une loi indique la nécessité de l'indication du texte de loi applicable à une poursuite, à peine de nullité, il faut, jusqu'à preuve contraire, résultant d'une disposition claire et formelle, obéir à cette nécessité seulement pour le texte de la loi qui est appliquée au prévenu, c'est-à-dire qui prononce la peine ;

» Considérant que s'il en est ainsi (et la jurisprudence qui sert de base a cette conséquence juridique qui s'en induit forcément n'est pas contestée au nom des prévenus), il n'y a plus qu'à rechercher si la loi du 29 juillet 1881 a entendu innover à cet égard ;

» Considérant que cette innovation paraît d'abord bien invraisemblable ; qu'il ne serait guère conforme aux habitudes dont peut justement s'honorer le législateur français de livrer aux aventures d'un formalisme outré le sort d'une poursuite destinée à protéger l'honneur des citoyens ; que, quelle que soit la liberté que le législateur de 1881 ait entendu donner à la presse, il faut bien admettre qu'en se décidant à maintenir le droit de poursuite au profit des citoyens diffamés ou injuriés, il n'a pas voulu rendre cette poursuite sinon impossible, du moins tellement difficile, qu'il serait plus prudent de s'en abstenir ; qu'il n'eût pas été digne de lui d'environner la protection qu'il offrait des pièges et des embûches d'une procédure écrivassière et inutile ; que sa seule préoccupation a dû être, après avoir donné au diffamé le moyen de sauvegarder son honneur, d'assurer le droit si légitime et si respectable de la défense du prétendu diffamateur ; et qu'enfin s'il voulait après tout créer des difficultés nouvelles et des nécessités nouvelles de procédure pour rendre plus rares les procès en diffamation, il devait s'en exprimer clairement et faire connaître les motifs d'une innovation si étrange ;

» Considérant que la loi de 1881 n'a innové que sur un point, en attachant la peine de nullité au défaut d'indication du texte de loi applicable à la poursuite ; mais, qu'il n'a rien innové quant au sens

jusque-là adopté de ces mots; qu'il a si peu entendu innover que, sur
d'autres points, il n'a fait que copier l'article 6 de la loi du 26 mai 1819;
qu'en tous cas, il n'a pas été dit un mot ni dans l'exposé des motifs,
ni dans le rapport, ni dans la discussion, qui permette de soutenir que
la loi nouvelle ait voulu exiger, outre l'indication du texte relatif à
la peine, l'indication du texte relatif à la définition du délit ou du
titre de la responsabilité; qu'en matière de nullité tout est de droit
étroit;

» Considérant que l'argument puisé à cet égard dans l'article 48 au-
quel renvoie l'article 60 est sans portée; que les nécessités grammma-
ticales exigeaient qu'on parlât des textes dans l'article 48 qui prévoit
plusieurs genres de délits, tandis que l'article 60 ne parle que du fait
incriminé; que si on voulait trouver absolument un argument, dans
ce dernier article, d'ailleurs un peu hâtivement rédigé, il scrait contraire à la thèse de la nullité, puisqu'il dit que la citation indiquera
le texte de la loi applicable;

» Considérant que, s'il en est ainsi, la citation donnée par Challemel-
Lacour est parfaitement régulière; qu'en effet elle indique l'article 32
qui prononce la peine applicable et nomme le délit de diffamation,
qui doit être puni; que la mention de l'article 29 était surabondante,
puisque cet article ne fait que définir le délit; qu'il en est de même
de l'article 42 qui définit l'auteur du délit en disant que le gérant qui
publie le fait diffamatoire est avant tout considéré comme tel; qu'il en
est encore de même de l'article 43 qui définit le complice, en disant
que le signataire du libellé diffamatoire sera considéré comme tel,
lorsque le gérant sera poursuivi; qu'ainsi ces trois articles ne prononcent
aucune peine, puisqu'ils se bornent à définir le délit et les responsabilités et à régler l'ordre de celles-ci; qu'ils renvoient aux peines
prononcées par les autres articles; qu'ainsi leur omission ne paralyse
en rien les droits de la défense que les prévisions de l'article 60 ont
cu seulement pour but de sauvegarder; qu'en dehors de ce qui est
absolument prescrit dans ce but, la citation n'avait pas à poser des
règles de droit, d'autant moins que nul n'est censé ignorer la loi;

» Considérant d'ailleurs qu'en assignant formellement Delpierre,
comme gérant, et Rochefort, comme rédacteur en chef et signataire
de l'article, ils ont suffisamment distingué les responsabilités; que la
partie de la loi relative à ces responsabilités n'étant que la reproduc-
tion des lois précédentes, ils n'en étaient que mieux avertis l'un et
l'autre du titre à cause duquel ils avaient encouru les peines de
l'article 32, dont on mettait le ministère public à même de demander
l'application contre eux;

« Considérant que les droits de la défense ont été ainsi légalement
respectés, et qu'il y a lieu de valider la citation;

« Par ces motifs,

« Infirme le jugement rendu par la 8e chambre, le 29 décembre
dernier;

« Valide la citation du 1er décembre 1881 ;

« Et en vertu des prescriptions impératives de l'article 215 du Code d'instruction criminelle ;

« Évoque le fond ;

« Renvoie à huitaine pour être plaidé. »

Sur le pourvoi de MM. Delpierre et Rochefort, la Cour de cassation statua le 10 mars 1882 dans les termes suivants :

10 mars 1882.

« LA COUR,

» Sur la recevabilité du pourvoi :

» Attendu que l'arrêt attaqué, réformant un jugement du Tribunal correctionnel de la Seine, a déclaré régulière et valable la citation donnée à Delpierre et à Henri de Rochefort-Luçay, à la requête de Challemel-Lacour et, par application de l'article 215 du Code d'instruction criminelle, a évoqué le fond ;

» Attendu que la disposition qui évoque le fond, conséquence légale et nécessaire de celle qui avait annulé le jugement frappé d'appel, ne peut être isolée de cette dernière ; qu'elles sont unies par des rapports de cause à effet, et que l'évocation doit servir à les caractériser l'une et l'autre, au point de vue de la recevabilité du pourvoi formé contre toutes les dispositions d'un seul et même arrêt ;

» Attendu, en effet, que la Cour d'appel de Paris a rendu le 25 janvier 1882, deux décisions définitives et indivisibles ; que celle qui ordonne l'évocation a enlevé aux prévenus le bénéfice du double degré de juridiction pour ce qui concerne le fond ; qu'un pareil arrêt ne saurait être considéré comme purement préparatoire et d'instruction, parce qu'il renferme non seulement une décision sur un incident à procédure, mais encore un sentence définitive d'attribution, qui intéresse essentiellement l'ordre des juridictions et les droits de la défense ;

» D'où il ressort que le pourvoi dirigé contre l'arrêt sus désigné est recevable, aux termes de l'article 416 du Code d'instruction criminelle applicable en matière de presse, à défaut de règles spéciales dans la loi du 29 juillet 1881 ;

» Au fond,

» Sur le moyen unique pris de la violation des articles 43, de la loi du 29 juillet, 59 et 60 du C. Pénal, en ce que la citation ne contient pas le texte de la loi applicable, en ce qu'elle n'indique pas l'article qui définit le déli de diffamation, ni ceux qui déterminent la situation et la responsabilité pénale des auteurs et des complices ;

» Attendu qu'aux termes des dispositions de ces articles, la citation donnée à la requête du ministère public ou de la partie civile, doit énoncer les faits, les qualifier, et indiquer le texte de loi applicable à la poursuite et à la demande, ou les textes, si on relève plusieurs délits ou contraventions de natures différentes ;

» Attendu que toutes ces formalités ont été accomplies exactement, quand, comme dans l'espèce, la citation désigne avec précision les écrits qui sont l'objet de la poursuite ; quand elle affirme que ces écrits, rendus publics, renferment les éléments du délit de diffamation, et quand enfin elle indique l'article de la loi sur la presse qui punit ce délit ;

» Attendu qu'en interprétant dans ce sens, la dernière loi sur la presse, et en rejetant le moyen de prétendue nullité de la citation, l'arrêt attaqué a sainement appliqué les dispositions des articles 43, 59 et 60 précités, lesquelles avec le sens et la portée qu'il leur a reconnus, ont paru suffisantes pour assurer à la défense toutes les garanties nécessaires ;

» Attendu d'ailleurs que l'arrêt est régulier dans sa forme ;

» Rejette les pourvois de : 1° Delpierre, gérant du journal l'*Intransigeant* ; 2° de Henri de Rochefort-Luçay, rédacteur en chef de ce journal. »

M. Challemel-Lacour se désista dès lors de sa nouvelle demande qui n'était qu'une précaution au cas de nullité de l'assignation première et se représenta devant la chambre des appels de police correctionnelle pour faire statuer au fond sur l'évocation de la Cour, dans les termes du premier arrêt.

Nouvelle exception.

A l'audience du

M. Delpierre et M. Rochefort soutinrent que l'arrêt de la Cour d'assises dans l'affaire Roustan, avait statué souverainement à l'égard des faits relevés dans l'article du 27 septembre 1881, qu'il y avait indivisibilité relativement à MM. Roustan et Challemel-Lacour, et qu'un débat nouveau était impossible, en présence de la chose souverainement jugée.

La Cour écarta l'exception.

Nouveau pourvoi rejeté par arrêt de la Cour suprême.

Enfin le 29 juin 1882, sous la présidence de M. Poupardin, le débat s'ouvrit contradictoirement au fond, devant la chambre des appels de police correctionnelle.

M. Rochefort et M. Delpierre se présentèrent assistés de Me Gatineau.

M. Challemel-Lacour absent était représenté par son avoué Me Bethmont et par Me Allou.

Me Allou soutint la plainte, et conclut à l'application de la loi et à 20,000 francs de dommages intérêts.

Me Gatineau fut entendu.

M. l'avocat général Villetard de Laguerie requit l'application sévère de la loi, et la Cour rendit l'arrêt suivant:

« LA COUR,

» Considérant qu'il a été publié dans le numéro du journal l'*Intran-sigeant*, en date du 27 septembre 1881, un article intitulé le *Secret de l'affaire tunisienne*, commençant par ces mots: « l'agence Havas qui dément », et finissant par ceux-ci : « Vont voler des millions sur des cadavres », dans lequel se trouve le passage suivant: « M. Gambetta » et M. Roustan avaient formé une association dont le but était de » faire d'abord tomber au prix du papier les obligations de la Dette » tunisienne, et de les racheter ensuite pour quelques liards. Mais » comme jamais le bey n'aurait eu les 200 millions nécessaires à leur » remboursement, les deux compères poussaient le gouvernement » français à intervenir dans la Régence, et à prendre à son compte le » paiement des obligations qui eussent été converties en 3 pour 100. » M. Gambetta et M. Roustan eussent alors échangé leur tas de papier » contre des coupons de rente, pour une valeur de plus de 100 millions, » et ces rentes, c'étaient les contribuables qui les leur auraient » servies ; »

« Et plus loin : « On comprendra maintenant l'interpellation de » l'ami Antonin Proust et l'acharnement de M. Gambetta à poursuivre » le renversement du candide Barthélemy-Saint-Hilaire, pour lui donner » comme remplaçant M. Challemel-Lacour. Ce dernier, en sa qualité » de directeur de la *République française* rédigeait lui-même les articles » destinés à produire sur les obligations de ladite émission la baisse » dont on avait besoin pour les racheter moyennant un morceau de » pain. Vous pensez si une fois ministre des affaires étrangères, ce » complice eût arrangé l'affaire ! »

« Considérant que de cet article et notamment des passages qui viennent d'être cités, il résulte que Challemel-Lacour a été présenté aux yeux du public comme ayant publié dans le journal la *République française*, dont il est indiqué avoir été alors le directeur, des articles émanés de lui-même, et ayant eu pour but de provoquer une dépréciation des obligations émises sur le marché de la Bourse par le gouvernement tunisien, en vue de faciliter l'achat de ces valeurs, soit par lui, soit par d'autres dont il favorisait les intérêts ; puis comme s'étant entendu avec des personnes dont le but était d'user de leurs influences respectives pour pousser le gouvernement français à une intervention dans l'affaire de la Tunisie, intervention qui devait avoir pour conséquence de faire reprendre à ces mêmes obligations tunisiennes une valeur d'autant plus avantageuse qu'elles pourraient avoir pour garantie celle de l'État français ; enfin comme ayant à assumer une part de responsabilité dans cette double manœuvre tendant à provoquer successivement sur les valeurs susindiquées une baisse considérable et une hausse fructueuse, devant profiter à un certain nombre de particuliers, au détriment ou tout au moins aux risques et périls des intérêts militaires et financiers de la France ;

» Qu'imputer à Challemel-Lacour une conduite et des intentions de cette nature, c'est lui attribuer d'avoir cherché, par des moyens déloyaux, à contribuer à une spéculation déshonnête et coupable ;

» Que les allégations ainsi portées contre le demandeur ont reçu la publicité de la presse, dépassent les limites d'une polémique permise et ont été faites dans l'intention de nuire à sa réputation ; qu'elles constituent l'imputation de faits déterminés tendant à porter atteinte à l'honneur et à la considération de la personne qui en est l'objet, et, par suite, le délit de diffamation prévu et puni par l'article 19 de la loi du 29 juillet 1881 ;

» Considérant que Delpierre, gérant de l'*Intransigeant*, est, aux termes de l'article 42 de ladite loi sur la presse, passible des peines édictées par le délit ainsi établi, comme auteur principal ;

» Considérant que l'article constitutif de ce délit émane de Rochefort, qui s'en est reconnu l'auteur, et qui doit, dès lors, être considéré comme complice, aux termes de l'article 43 de la même loi ;

» Considérant que Challemel-Lacour a éprouvé, par le fait de la diffamation dont il a été ainsi l'objet, un préjudice pour lequel il lui est dû réparation ; que la Cour possède les éléments nécessaires pour en faire une juste appréciation ;

» Par ces motifs,

» Déclare Delpierre coupable du délit de diffamation envers Challemel-Lacour et de Rochefort complice de ce délit, et, faisant application des articles 43 et 32 de la loi du 29 juillet 1881 ;

» Condamne Delpierre à 500 francs d'amende, de Rochefort à 1,000 francs d'amende ;

» Statuant sur les conclusions de la partie civile, condamne les deux prévenus solidairement à payer à Challemel-Lacour la somme de 1,000 francs, à titre de dommages-intérêts, et aux frais. »

Il n'y a pas eu de pourvoi contre cet arrêt.

IMPRIMERIE CENTRALE DES CHEMINS DE FER. — IMPRIMERIE CHAIX.
RUE BERGÈRE, 20, PARIS. — 17246-8.

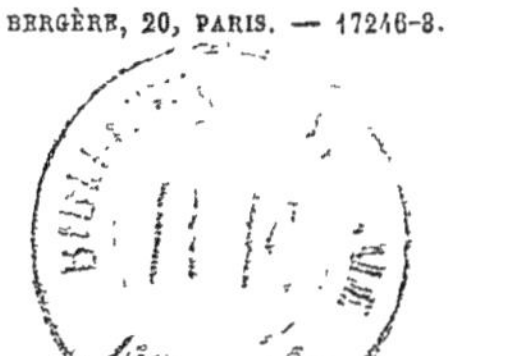